AF382920

DER VORTEIL VON KOLLEKTIVER INTELLIGENZ

Tipps für das optimale Ausschöpfen der Kompetenzen Ihres Teams

Verfasst von Véronique Bronckart

Übersetzt von Leonie Kremer

Für die Arbeitswelt 50MINUTEN.de

DER VORTEIL VON KOLLEKTIVER INTELLIGENZ

- **Ziel:** Kollektive Intelligenz erkennen und daraus für das Unternehmen Nutzen ziehen
- **Anwendung:** Mit kollektiver Intelligenz können Sie die Effizienz Ihres Teams steigern, da die Kompetenzen jedes Teammitglieds voll ausgeschöpft werden.
- **Arbeitskontext:** Teammanagement, Unternehmensmanagement
- **FAQ:**
  - Warum sollte man kollektive Intelligenz nutzen?
  - Welches Ziel wird beim Management von kollektiver Intelligenz verfolgt?
  - Nach welchen Prinzipien wird kollektive Intelligenz gemanagt?
  - Wodurch wird das Management von kollektiver Intelligenz gebremst?
  - Was sind die Perspektiven von kollektiver Intelligenz?

- Gibt es eine Verbindung zwischen kollektiver Intelligenz und Talentmanagement?
- Gibt es einen Unterschied zwischen Lean Management und kollektiver Intelligenz?
- Gibt es einen Unterschied zwischen kollektiver Intelligenz und partizipativem Führungsstil?

EINLEITUNG

Von allen Teammanagementstrategien ist die Nutzung von kollektiver Intelligenz die innovativste. Diese neue Managementmethode findet nur langsam Einzug in das Vokabular der Manager, die ihr häufig kritisch gegenüberstehen. Denn kollektive Intelligenz impliziert große Verhaltensänderungen, die einen Einfluss auf die Kultur, Überzeugungen, Kompetenzen, Kommunikationsweisen sowie Organisation und Funktion des Unternehmens haben.

Es ist jedoch nicht leicht, mit Veränderungen und den damit verbundenen Unsicherheiten konfrontiert zu werden. In der vom Taylorismus (strenge Arbeitsteilung) geprägten Wirtschaftswelt bedeutet diese neue Art von Management einen kompletten Umschwung. Da jedes Teammitglied sich und seine Stärken einbringen kann, kommen mehr Erneuerungen zustande, wodurch gleichzeitig mehr Diversität herrscht. Dies öffnet aber auch viele neue Türen zu Kenntnissen und Funktionsweisen, die bis dato vom Unternehmen noch nicht genutzt wurden. Während das Unbekannte immer etwas beunruhigend ist, gibt der Taylorismus in dem Sinne Sicherheit, dass er Neues verhindert, indem so weit wie möglich die Kontrolle über zukünftige Aktionen und Ereignisse behalten wird.

Im Gegensatz dazu werden bei der Nutzung von kollektiver Intelligenz Neues und Unbekanntes begrüßt, indem man einerseits zwar das Risiko eines Kontrollverlusts akzeptiert, aber so andererseits an Flexibilität, Aktionsfähigkeit und Innovation gewinnt. Diese Methode ermöglicht, durch kollektives Nachdenken – sprich der Vernetzung von Kenntnissen und Wissen der Beteiligten – Unerwartetem souverän zu begegnen. Schwierigkeiten werden gemeinschaftlich gelöst, denn es wird auf ein gemeinsames Ziel hingearbeitet.

In nur 50 Minuten erfahren Sie alles über kollektive Intelligenz und die Gründe, warum Sie mit dieser Managementmethode die Leistungsfähigkeit von Gruppen steigern können.

KOLLEKTIVE INTELLIGENZ: DIE GRUNDLAGEN

KOLLEKTIVE INTELLIGENZ IM UNTERNEHMEN

Kollektive Intelligenz im Unternehmen wird durch ein Zusammenspiel von Praktiken und Verhaltensweisen der Manager errichtet, basierend auf Interaktionen und den unterschiedlichsten Kompetenzen der Mitarbeiter. Es genügt nicht, sich nur über die verschiedenen Kompetenzen der Teammitglieder bewusst zu werden, sondern man muss sie auch verstehen und auf optimale Weise ausnutzen. Dies geschieht am besten mit einer Strategie, die von der Dynamik und Diversität der Gruppe Gebrauch macht. Es handelt sich nicht nur darum, ein Team zusammenzustellen oder einen Prozess zu etablieren, der kollektive Intelligenz nutzt. Vielmehr muss das Aufkommen neuer intellektueller Ressourcen immer möglich gemacht werden und diese müssen dann so gemanagt werden, dass die Erfahrungen und Leistungen jedes Einzelnen hervorgehoben werden.

Es ist wichtig, kollektive Kommunikation und kollektive Reflexion auseinander zu halten. Kollektive Kommunikation ermöglicht den einfachen Informationsaustausch, ohne dass dabei eine intellektuelle Zusammenarbeit der Teammitglieder nötig ist. Dagegen impliziert kollektive Reflexion, eine intellektuelle Zusammenarbeit, durch die Informationen kreiert, ihnen einen Sinn gegeben und dementsprechend gehandelt wird. Diese Unterscheidung ist maßgebend, denn oft genug spricht man von Kooperation, während es sich eigentlich nur um Kommunikation handelt. Zusammenarbeit ermöglicht, Synergie zu kreieren und eine Entscheidung auf Basis von kollektiver Intelligenz zu treffen.

Zusammengefasst kann man sagen, dass kollektive Intelligenz das Ergebnis eines Zusammenspiels der Kenntnisse, Kompetenzen und Eigenheiten der einzelnen Teammitglieder ist.

DIE VIER FORMEN VON KOLLEKTIVER INTELLIGENZ

Für gewöhnlich unterscheidet man vier Formen von kollektiver Intelligenz. Zudem wird sie in jedem Unternehmen etwas anders angewendet, wovon ebenfalls die Effizienz der Methode abhängt Wenn man die folgende Tabelle betrachtet, fällt auf, dass die Umsetzung des Managements von kollektiver Intelligenz in einem großen, hierarchiegeprägten Unternehmen mit einem pyramidenförmigen Managementstil um einiges weniger effizient ist als in einem kleinen Unternehmen.

Vier Formen von kollektiver Intelligenz

globale kollektive Intelligenz	Es handelt sich um ein gerechtes, demokratisches, transparentes, genormtes und organisiertes System, mit dem komplexe Probleme und Fragen gelöst werden können. Diese Form findet sich häufig im Internet wieder, vor allem auf sozialen Plattformen.
originelle kollektive Intelligenz	Es handelt sich um die bekannteste und meist genutzte Form in Unternehmen, vor allem bei Gruppenmeetings. Sie ähnelt der kollektiven Intelligenz von Sportmannschaften und betrifft vor allem kleinere Gruppen. Sie bietet die meisten Vorteile, da sie flexibel, transparent, lehrreich und offen für Improvisation ist.
Schwarm-intelligenz	Diese Form findet man häufig in der Wirtschaftspolitik wieder. Die Akteure interagieren ohne klare Vorstellung des Systems, in dem sie sich entwickeln. Es benötigt allerdings mehr Transparenz und interne Kommunikation, damit diese Form effizienter wird.
hierarchische kollektive Intelligenz	Diese Form findet man häufig in großen Unternehmen, wie öffentlichen Verwaltungen, multinationalen Konzernen und im Bankwesen. Die meisten Informationen werden an der Spitze gehalten. Diese Form der kollektiven Intelligenz ist den heutigen Herausforderungen am wenigsten angepasst, weil sie rigide, eingeschränkt und undurchsichtig ist.

DIE HERAUSFORDERUNGEN KOLLEKTIVER INTELLIGENZ

- **Geteilte Werte**: Dieser erste Aspekt von kollektiver Intelligenz bezieht sich auf die

Entwicklung des Unternehmens und die Förderung der Mitarbeiter. Denn kollektive Intelligenz ermöglicht dem Unternehmen, sich neuen Tätigkeiten und Projekten zu widmen und gleichzeitig den Mitarbeitern die Möglichkeit zu geben, sich persönlich weiterzuentwickeln. Wenn die Mitarbeiter bei der Entstehung von neuen Projekten und in die Entscheidungsfindung miteinbezogen werden, können sie neues Vertrauen in sich fassen, ihre Motivation wiederfinden und ihre Leistung verbessern, weil ihre Kompetenzen so wertgeschätzt werden. Es geht dabei sowohl darum, die Intelligenz der Mitglieder einer Gruppe/Mitarbeiter eines Unternehmens einzusetzen, als auch die der externen Beteiligten dieser Gruppe/dieses Unternehmens (wie Zulieferer, Kunden und Partner).

- **Information und Kommunikation**: Die verschiedenen Kommunikationstechnologien vereinfachen den Austausch und die Verbreitung von Informationen. Sie müssen beim Informationsaustausch helfen, indem sie der Information einen praktischen Wert geben.

- **Zusammenarbeit**: Dies ist die bekannteste Art kollektive Intelligenz zu nutzen.
- **Wissensmanagement**: Dies ist einer der Grundpfeiler für die Entwicklung und optimale Nutzung von kollektiver Intelligenz. Eine gute Organisation ermöglicht hier die Verbreitung und den Transfer von Wissen innerhalb eines Unternehmens.
- **Dezentralisierung von Macht und Wissen**: Die Führungskräfte sind nicht länger die einzigen, die über die ausschlaggebenden Kompetenzen verfügen und Entscheidungen treffen, denn andere Beteiligte werden miteinbezogen.
- **Autonomie**: Das Team besteht aus selbstständigen Einzelpersonen, die zusammenarbeiten, um ein gemeinschaftliches Ziel zu erreichen, sodass sie ihrer Gruppe einen Sinn geben.
- **Interaktion**: Es besteht eine konstante Interaktion zwischen den Teammitgliedern – oder dem Unternehmen – und dem Umfeld, in dem sie sich entwickeln (Rahmen, Technologie, Wirtschaftspolitik) ist konstant.

FÜNF PROZESSE KOLLEKTIVER INTELLIGENZ FÜR SECHS WICHTIGE FÄHIGKEITEN

Um das Konzept kollektiver Intelligenz in der Praxis zu nutzen, müssen die folgenden fünf Prozesse untereinander verbunden werden:

- Das **Kognitive** besteht darin, die Problematik zu verstehen, gemeinsamen darüber nachzudenken und daraufhin eine kollektive Entscheidung zu einem gemeinsamen Ziel zu treffen. Schlüsselwörter bei dieser Etappe in Richtung kollektiver Intelligenz sind:
  - gegenseitiges Verständnis (jedes Gruppenmitglied drückt sich frei aus und wird von den anderen verstanden)
  - geteilte Wahrnehmung (jeder hat seine eigene Vorstellung der Sachen oder Ereignisse und hat die Möglichkeit diese auch so ausdrücken)
  - gemeinsame Sprache
  - gemeinschaftliche Ausarbeitung/Bearbeitung
- Das **Zwischenmenschliche**: Es wird sichergestellt, dass die Kommunikation eindeutig ist und von jedem verstanden wird. Außerdem ist es wichtig, dass sich jeder frei und ehrlich

äußern, sowie sein Wissen, seine Eindrücke und Ideen teilen kann. Dafür muss jede Person miteinbezogen werden, genauso müssen auch Unterschiede, Kompetenzen und die Anpassungsfähigkeit an diese Diversität berücksichtigt werden.

- Das **Soziale**, da kollektive Intelligenz auf den folgenden Werten basiert: aktives Zuhören – also die Fähigkeit, zuzuhören und zu verstehen –, das Teilen und Austauschen von Informationen und Wissen, die funktionale Organisation der Gruppe, Zusammenarbeit zwischen den Gruppenmitgliedern, Selbstvertrauen und Vertrauen in andere, Autonomie etc.
- Die **Managementebene**, da die Effizienz von kollektiver Intelligenz von der Größe und Zusammenstellung der Gruppe, Ergänzung der Teammitglieder untereinander, den zu erledigenden Aufgaben, der Eigenschaften von Manager und Gruppe etc. abhängt.
- Die **Situation** hat immer bestimmte externe Beschränkungen und ist von einem organisatorischen Kontext abhängig, der beim Einsatz von Management mit kollektiver Intelligenz berücksichtigt werden muss.

Das Zusammenspiel der fünf Prozesse stattet ein Unternehmen oder eine Gruppe mit den folgenden sechs Fähigkeiten aus:

- kollektiv verstehen und nachdenken
- kollektiv Probleme lösen
- gemeinschaftliche Entscheidungen treffen
- Gruppenzusammenhalt fördern
- eine Gruppe motivieren und ihre Mitglieder miteinbeziehen

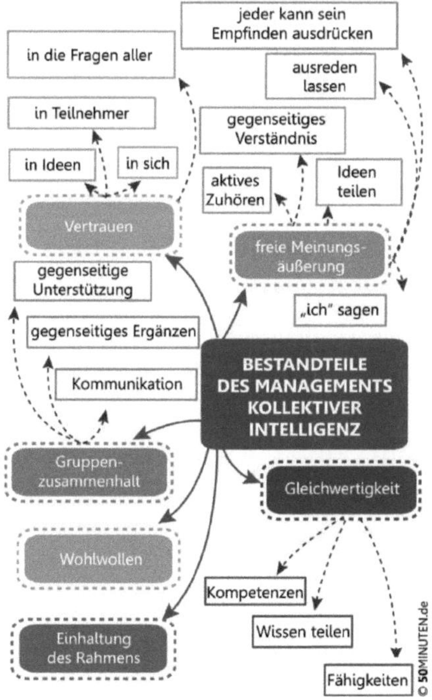

KOLLEKTIVE INTELLIGENZ ZUGUNSTEN DES MANAGEMENTS UND DER GRUPPENDYNAMIK

Sich über das Wissen und die Kompetenzen jedes Teammitglieds bewusst zu werden und zu lernen, dies zu nutzen, kann die Leistungsfähigkeit des gesamten Teams steigern. Kollektive Intelligenz ist ein wichtiges Hilfsmittel des Gruppenmanagements und fördert den Austausch, das Teilen und das Nutzen von Kompetenzen, um ein gemeinsames Ziel zu erreichen. Der Einsatz von kollektiver Intelligenz bedeutet, dass das Teammanagement offen für Veränderungen und Mitarbeit ist. Die Rolle des Managers besteht nicht länger darin, als Leader Anweisungen zu geben, sondern den Gruppenzusammenhalt durch Überlegungen und gemeinschaftliche Aktivitäten zu stärken. Der Leader wird also zur „Ressource", der sein Wissen teilt und gleichzeitig die Diversität an Erfahrungen und Kompetenzen seiner Teammitglieder begrüßt.

Kollektive Intelligenz ist ein wichtiger Prozess für die Gruppendynamik, denn sie führt zu zum gemeinsamen Nachdenken, gemeinsamer Weiterentwicklung und gemeinsamen Handlungen, indem die Teammitglieder aktiv miteinbezogen werden.

Kollektive Intelligenz und Gruppendynamik

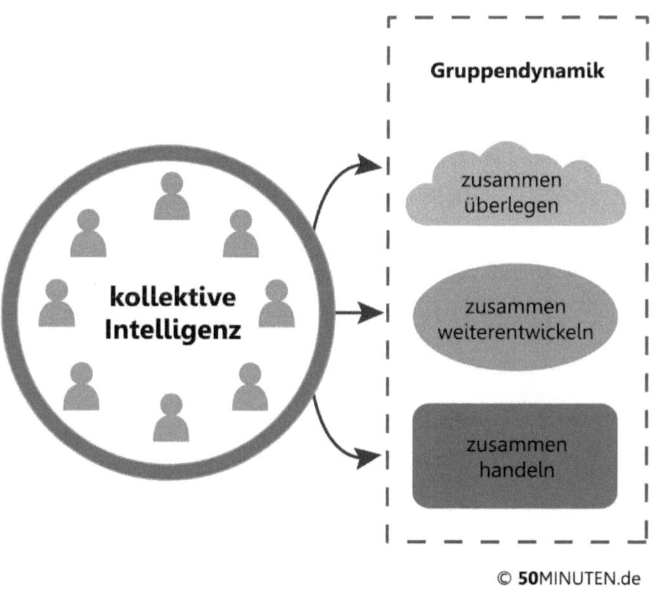

VERSCHIEDENE EBENEN FÜR DIE VERWENDUNG KOLLEKTIVER INTELLIGENZ

Management mit kollektiver Intelligenz ist nicht nur ein Hilfsmittel für Topmanager. Es wird auch stark für Gruppenmanagement empfohlen und das auf allen Ebenen. Jeder Mensch, der eine Gruppe anleitet, egal in welcher Größenordnung, kann kollektive Intelligenz nutzen. Oft ist Management mit kollektiver Intelligenz von einem Aufseher, einem Teamchef oder einem Meister spontaner als von einem Manager, wo sie dann häufig offiziellere Züge annimmt.

Einführung von Management kollektiver Intelligenz durch einen Topmanager

- o sich mithilfe der Personalabteilung und der Teamleiter über die verschiedenen Profile bewusst werden, die es im Unternehmen gibt
- o mit einer Hausmitteilung das Personal informieren, dass die Einführung eines Managements kollektiver Intelligenz geplant wird, und eine erste Informationsveranstaltung ansetzen
- o das gesamte Personal versammeln und sich vorstellen. Jeder soll sich über seine Wahrnehmung von seiner Rolle im Unternehmen, seine Kompetenzen, Erfahrungen, Interessen, sein Privatleben etc. frei aussprechen können
- o all diese Informationen aufnehmen und sich über die Diversität im Unternehmen bewusst werden
- o eine Ideenkiste zur Verfügung stellen und das Personal darum bitten, Verbesserungsvorschläge einzuwerfen
- o die Personen, die einen Vorschlag eingereicht haben, einladen und frei, ohne Verurteilung darüber diskutieren lassen. Jeder sagt seine Meinung und die Teilnehmer werden dazu aufgefordert, gemeinsam über die Ideen nachzudenken.
- o den Ablauf der folgenden Meetings strukturieren, die auch in Untergruppen nach Themen organisiert werden können, und jedem eine Rolle zuteilen (Moderator, Zeitwächter, Protokollant, …)
- o Vertrauen schenken und eine der Ideen umsetzen
- o mögliche Schwierigkeiten auswerten und beseitigen

Dieser längere Prozess benötigt ein Vertrauensklima im Unternehmen und eine offene Geisteshaltung des Managers, damit sich das Personal frei äußern kann und die Kompetenzen eines jeden entdeckt werden können.

Einführung von Management kollektiver Intelligenz durch einen Teamleiter

- seine Gruppe zusammenbringen, sie darüber informieren, dass die Einführung von Management kollektiver Intelligenz geplant wird, und die zu besprechende Thematik klar präsentieren (z. B. Aufgabenverteilung)
- Jeden bitten, frei von seiner jeweiligen Wahrnehmung von seiner Rolle im Unternehmen, seinen Kompetenzen, Erfahrungen, Interessen etc. zu sprechen.
- die Informationen ohne Wertung aufnehmen
- Ideen durch Brainstorming während des Meetings oder auch durch eine Ideenkiste sammeln
- die Ideen gemeinsam analysieren und besprechen
- eine Idee umsetzen
- mögliche Schwierigkeiten auswerten und beseitigen

Der Prozess ist kürzer und spontaner, da die Gruppe kleiner ist und sich die Mitglieder bereits kennen, wodurch einige Hindernisse, die man in größeren Unternehmen wahrscheinlich hätte, von Vornherein aus dem Weg geräumt sind.

TOP TIPPS

- Beginnen Sie damit, Ihre Vision für die Mitarbeiter Ihres Unternehmens klar zu definieren und geben Sie den betroffenen Personen die Möglichkeit, die internen und externen Anforderungen dabei zu verstehen.
- Stellen Sie sicher, dass innerhalb Ihres Unternehmens Vertrauen und Verantwortungsbewusstsein herrschen, damit Austausch über das Verstehen der Herausforderungen möglich ist. Sie können ebenfalls den Gruppenzusammenhalt fördern, indem Sie ein gemeinsames Ziel für alle definieren.
- Teilen Sie die Informationen und kommunizieren Sie das Wissen und die Vorgehensweisen eines jeden.
- Um den Gruppenzusammenhalt und die kollektive Intelligenz zu vereinfachen, sollten Sie Möglichkeiten für formelle und informelle Treffen zwischen den Teammitgliedern, vor allem durch Meetings, Weiterbildungen, Seminare, Teambuilding etc., schaffen.

- Sehen Sie sich nicht länger für die kompetenteste Person in allen Bereichen an, sondern ermutigen Sie Ihre Mitarbeiter dazu, sich selbst als kompetente Person wahrzunehmen und teilen Sie ihr Wissen, um einen kollektiven Schaffensprozess zu initiieren. Kollektive Intelligenz bedeutet auch, dass man sich ergänzt. Es ist unerlässlich, dass Sie anderen gegenüber offen sind, verschiedene Meinungen verstehen und akzeptieren und Sie das Neue, das jeder beiträgt, in den Prozess integrieren und so individuelle Beiträge fördern. In diesem Sinne sollten Sie auch auf eine angemessene Ausdrucksweise achten und „wir" anstatt „ihr" sagen.
- Verkörpern Sie selbst die Werte, die Sie fordern, und werden Sie zu einer „Ressource", seien Sie für Ihr Team da und stellen Sie Ihre Kompetenzen den anderen zur Verfügung. Achten Sie besonders auf aktives Zuhören und empathisches Verständnis gegenüber den Mitarbeitern.
- Ermöglichen Sie dem Team, in Synergie zu lernen, sich weiterzuentwickeln, zusammen nachzudenken und zu handeln. Unterstützen Sie sich gegenseitig, verzeihen Sie Fehler und

versuchen Sie, Probleme gemeinsam zu lösen.

- Zögern Sie nicht, einen Experten zu Rate zu ziehen, der das Ganze mit einem Blick von außen betrachten kann. Diese Art der Begleitung kann beispielsweise durch einen Lenkungsausschuss geschehen, der von Meetings, Balanced Scorecards und Leistungsindikatoren Gebrauch macht. Letztere unterstützen die Wertschätzung der Gruppe bei Feedbackgesprächen. Auch Coaching kann die ideale Begleitung für die Änderung von Verhaltensweisen, Einstellungen und Prozessen sein.

TIPP

Kollektive Intelligenz ist nicht einfach das Resultat von einer organisatorischen Veränderung, einer persönlichen Veränderung des Leiters oder ein Versuch von den Vorgesetzten, eine neue Managementmethode einzusetzen. Sie muss das Ergebnis der Verflechtung aller Akteuren sein.

FAQ

WARUM SOLLTE MAN KOLLEKTIVE INTELLIGENZ NUTZEN?

Kollektive Intelligenz ist ein wichtiges Hilfsmittel, um die Effizienz einer Gruppe zu optimieren. Dies geschieht dadurch, dass das Wissen und die Kompetenzen aller Teammitglieder gesammelt und genutzt werden und somit die Leistungsfähigkeit des Teams gesteigert wird. Dadurch wird nicht nur von den Stärken eines jeden profitiert, sondern auch die Motivation gesteigert, weil jeder bei der Entscheidungsfindung miteinbezogen wird und Kompetenzen anerkannt und wertgeschätzt werden. Durch das volle Ausschöpfen der diversen Kompetenzen und Erfahrungen können außerdem interne Probleme ohne die Hilfe von Externen gelöst werden. In Folge dessen werden zusätzliche Kosten vermieden und wertvolle Zeit gespart.

Kollektive Intelligenz ermöglicht auch ein angepassteres Talentmanagement und somit eine verbesserte Aufgabenaufteilung, sowie neben der Gruppeneffizienz auch bessere Einzelleistungen.

WELCHES ZIEL WIRD BEIM MANAGEMENT VON KOLLEKTIVER INTELLIGENZ VERFOLGT?

Das Ziel dieser Art von Management besteht darin, aufgrund von Ideen und Lösungsvorschlägen, die von allen beteiligten Personen eingebracht werden können, intelligente Entscheidungen zu treffen.

NACH WELCHEN PRINZIPIEN WIRD KOLLEKTIVE INTELLIGENZ GEMANAGT?

Die Hauptprinzipien kollektiver Intelligenz bestehen in:

- Gleichberechtigung, sprich im Verdeutlichen, dass die Diversität an Kompetenzen, Erfahrungen und Sozialkompetenzen für das gesamte Unternehmen oder die Gruppe von Vorteil sind.
- aktivem und aufmerksamen Zuhören, ohne zu unterbrechen

- der Ermutigung der Beteiligten, ihren eigenen Standpunkt zu vertreten und für sich selbst zu sprechen. Dafür werden Sätze mit „ich" gebildet und keine mit „man" verallgemeinerte Aussagen getroffen.
- der Urteilsfreiheit, das heißt man ist wohlwollend und akzeptiert, dass es keine guten oder schlechten Beiträge bzw. Ideen gibt. Im Gegenteil kann selbst eine mittelmäßige Idee Reaktionen auslösen und zu einem Austausch führen, sodass eine Lösung gefunden werden kann.
- dem Vertrauen allen Teammitgliedern und sich selbst, ebenso wie den Ideen gegenüber, wie auch den Ideen, denn nur durch sie, durch das Zusammenspiel von Personen, ihren Ideen und ihren Fragen, wird die Arbeit bereichert.
- der Einhaltung des Rahmens, der die genannten Prinzipien umfasst

WODURCH WIRD DAS MANAGEMENT VON KOLLEKTIVER INTELLIGENZ GEBREMST?

Die Haupthindernisse von kollektiver Intelligenz sind von kultureller Art. Bevor man das Nutzen von kollektiver Intelligenz in sein Management integriert, sollte man sichergehen, dass dies zu der Managementkultur des Unternehmens passt. Ist das nicht der Fall müssen alle Hierarchieebenen und betroffenen Personen für Veränderungen sensibilisiert werden, um anschließend die Unternehmenskultur anzupassen und die neue Art von Management einzuführen. Auch der Managementstil muss überdacht werden. Dazu müssen einige Vorgehensweisen geändert werden, wie mangelndes Einbeziehen der verschiedenen Hierarchieebenen, fehlende transversale Kommunikation, auf die Einzelperson anstatt auf die Gruppe fokussiertes Management etc. Es ist sehr schwierig, in einem Unternehmen mit starker Hierarchie ein effizientes Management kollektiver Intelligenz einzuführen.

Zudem muss daran gearbeitet werden, was jeden Einzelnen zurückhalten könnte, wie Angst vor Veränderung, Kritik oder davor neue Anstrengungen leisten zu müssen, Wettbewerbsgeist, Individualismus und Perfektionismus.

WAS SIND DIE PERSPEKTIVEN VON KOLLEKTIVER INTELLIGENZ?

Im Unternehmen ermöglicht kollektive Intelligenz die Einführung demokratischer Prozesse, wo jede Entscheidung von der Mehrheit getroffen wird. Sie trägt zwar zur Entscheidungsfindung bei, beeinflusst aber das Treffen der Entscheidung an sich nicht. Es geht nicht darum, Macht umzuverteilen, sondern das Management dahingehend zu verändern, dass die Diversität von Wissen, Kompetenzen und Ideen der Einzelpersonen wertgeschätzt werden und diese dann konstruktiv und effizient zusammengefasst werden.

GIBT ES EINE VERBINDUNG ZWISCHEN KOLLEKTIVER INTELLIGENZ UND TALENTMANAGEMENT?

Ja, kollektive Intelligenz nutzt die Kompetenzen der Beteiligten und verbindet sie miteinander, um in jedem das Beste zum Vorschein zu bringen. Sobald sich ein Unternehmen auf kollektive Intelligenz und demokratisches

Management stützt, und die Mitarbeiter auch bei der Entscheidungsfindung einbezogen werden, kann es die Leistungen jedes Einzelnen erkennen. Durch kollektive Intelligenz wird es also einfacher, Talente zu entdecken. So haben Mitarbeiter die Möglichkeit, an anderen als ihren gewöhnlichen Aufgaben zu arbeiten.

GIBT ES EINEN UNTERSCHIED ZWISCHEN LEAN MANAGEMENT UND KOLLEKTIVER INTELLIGENZ?

Ja, denn beim Lean Management wird die Arbeitsteilung weiter optimiert, um so größtmögliche Kontrolle zu haben. Es dient dazu, die Leistungen des Unternehmens zu verbessern, indem sich alle Mitarbeiter ständig weiterentwickeln (Weiterbildungen, Motivation), um so vor allem den Kunden zufriedenzustellen und den Umsatz zu steigern. Beim Lean Management geht es darum, konstant die Leistungen der Einzelpersonen und die Prozesse zu verbessern, um Kosten einzusparen. Dies kann mit den Worten „Effizienz und Rentabilität" zusammengefasst werden, die keine Fehler tolerieren.

Dagegen beruht der Ansatz der kollektiven Intelligenz auf zwischenmenschlichen Beziehungen und stützt sich auf die Synergie der Kompetenzen und des Wissens stützt, um gemeinsam eine Strategie zu entwickeln und kollektive Leistung zu erbringen. Dabei wird Kontrollverlust akzeptiert und aus Fehlern gelernt, bevor sie gemeinschaftlich gelöst werden.

GIBT ES EINEN UNTERSCHIED ZWISCHEN KOLLEKTIVER INTELLIGENZ UND PARTIZIPATIVEM FÜHRUNGSSTIL?

Der Unterschied zwischen diesen beiden Methoden ist umstritten. Der partizipative Führungsstil hat zum Ziel, Prozesse zur Personalentwicklung einzuführen. Dies geschieht, indem die Mitarbeiter bei der Durchführung von Projekten und bei der Entscheidungsfindung miteinbezogen werden. Zur Lösung verschiedener Probleme ist es dabei nötig, seine Macht delegieren zu können und seinem Team zu vertrauen. Dafür nutzt der partizipative Führungsstil kollektive Intelligenz, geht aber hinsichtlich der allgemeinen organisatorischen Planung noch weiter als diese. Kollektive Intelligenz ist also ein Hilfsmittel für die Einführung des partizipativen Führungsstils.

JETZT SIND SIE GEFRAGT!

Schaffen Sie kollektive Intelligenz in Ihrem Team in nur acht Schritten.

SCHRITT 1

Identifizieren Sie Ihr Team. Schließen Sie die Augen und denken Sie an jedes Teammitglied. Wen gibt es da? Wo liegen Ihre Interessen? Was motiviert sie? Was erwarten sie von Ihnen? Welche Kompetenzen und welche Erfahrungen haben sie? Wie kann man diese Kompetenzen nutzen? Wo und in welchem Rhythmus ist es möglich, sich zu treffen?

SCHRITT 2

Stellen Sie sicher, dass die Teammitglieder die Absichten hinter der gemeinschaftlichen Aktion verstehen. Erklären Sie Ihr Ziel auf klare Weise und fragen Sie nach ihrer Meinung. Legen Sie einen Ort, einen Rhythmus und den Kontext fest, in dem sich Ihr Team treffen wird, um das Pilotprojekt zu starten.

SCHRITT 3

Fördern Sie das Gemeinschaftsgefühl, indem Sie ein spontanes Meeting einberufen. Versammeln Sie dazu die Personen, die großes Interesse für Ihr Projekt mit kollektiver Intelligenz gezeigt haben. Geben Sie jedem die Möglichkeit, sich darüber zu äußern, was innerhalb des Unternehmens, ihres jeweiligen Teams und eventuell auch privat vor sich geht. Bleiben Sie offen. Tauschen Sie sich frei über die Arbeit und die Herausforderungen des Unternehmens aus und entdecken Sie so neue Ideen, sowie die Interessen und Motivation eines jeden. Beenden Sie dieses Treffen mit der Konzeption eines vorläufigen Plans, der auf einer gemeinsamen Vision beruht.

SCHRITT 4

Strukturieren Sie die nächsten Meetings. Sie sollten 60 Minuten dauern und Folgendes beinhalten:

- Zeit, um das Thema der jeweiligen Sitzung zu beschreiben (ca. 5 Minuten)
- etwas mehr Zeit für Reaktionen und Austausch (ca. 40 Minuten)
- Beenden Sie das Meeting mit einer Zusammenfassung (maximal 10 Minuten).

SCHRITT 5

Versammeln Sie Ihr Team immer zum Wochenbeginn.

- Geben Sie den Anwesenden für das Meeting eine Rolle. Bestimmen Sie einen Leader, der der Gruppe das Thema vorstellt (dieser wird je nach Thematik bestimmt), einen Moderator, der den Dialog fördert, sowie einen Zeitwächter. Sie können auch einen externen Experten einladen, der die Situation mit Abstand betrachten kann.
- Bitten Sie jedes Mitglied darum, seine Gedanken zu dem Thema zu äußern (Arbeit, Organisation, Projekte des Unternehmens). Begrüßen Sie diese Ideen und erinnern Sie alle im Laufe der Woche daran, weiterhin darüber nachzudenken

SCHRITT 6

Treffen Sie sich am Ende der Woche erneut und sprechen Sie über die Ideen vom Anfang der Woche; vielleicht führen diese Ergebnisse zu neuen Ideen. Wiederholen Sie dieses Verfahren solange, bis eine oder mehrere Ideen einen Konsens finden.

SCHRITT 7

Implementieren Sie die neuen Ideen.

SCHRITT 8

Beurteilen Sie zusammen die umgesetzten Pläne/Ideen und überlegen Sie sich Lösungen für den Fall, dass sie scheitern.

Zusammenfassung

1. Identifizieren Sie jedes Teammitglied und seine Kompetenzen.

2. Erklären Sie ihnen Ihr Ziel.

3. Organisieren Sie ein Meeting ohne Tagesordnung.

4. Strukturieren Sie die nächsten Sitzungen.

5. Planen Sie ein offenes Meeting am Wochenanfang.

6. Sprechen Sie am Ende der Woche noch einmal über die Ideen vom Wochenanfang.

7. Setzen Sie die Ideen, die einstimmig beschlossen wurden, in die Tat um.

8. Bewerten Sie gemeinsam die Ergebnisse der Arbeit.

Ihre Meinung ist uns wichtig!
Hinterlassen Sie doch einen Kommentar auf der
Seite unserer Online-Buchhandlung
und teilen Sie Ihre Favoriten in den sozialen
Netzwerken!

DARÜBER HINAUS

LITERATURVERZEICHNIS

- Devillard, Olivier: *Dynamiques d'équipe*. Éditions d'Organisation: Paris 2005.

- Gréselle Zaïbet, Olfa: „Vers l'intelligence collective des équipes de travail: une étude de cas". In: *Management & Avenir*. https://www.cairn.info/revue-management-et-avenir-2007-4-page-41.htm (22.02.2019).

- Zara, Olivier: *Le management de l'intelligence collective*. M21 Éditions: Paris 2007.

WEITERFÜHRENDE LITERATUR

- Surowiecki, James. *Die Weisheit der Vielen. Warum Gruppen klüger sind als Einzelne*. Goldmann: München 2007.

- Fisher, Len: *Schwarmintelligenz. Wie einfache Regeln Großes möglich machen*. Eichborn: Frankfurt am Main 2010.

MEHR AUF 50MINUTEN.DE

- Cailteux, Caroline: *Gruppenarbeit gewinnbringend einsetzen. Tipps für gelungenes Teamwork.* Aus dem Französischen von Leonie Kremer. Plurilingua Publishing: Brüssel 2019.

- Charlier, Maïlys: *Emotionale Intelligenz fördern. Methoden, mit denen Sie Ihren EQ boosten.* Aus dem Französischen von Leonie Kremer. Plurilingua Publishing: Brüssel 2019.

- Sanna, Alice: *Die Balanced Scorecard. Vier essentielle Dimensionen der langfristigen Unternehmensausrichtung.* Aus dem Französischen von Ruth Alvermann. Plurilingua Publishing: Brüssel 2018.

Die präsentierten Inhalte werden vom Herausgeber überprüft, dennoch übernimmt dieser keine Haftung für die inhaltliche Richtigkeit, Vollständigkeit und Aktualität der vorgestellten Inhalte.

© 50Minuten.de, 2019. Alle Rechte vorbehalten.

www.50Minuten.de

ISBN digitale Ausgabe: 9782808018227

ISBN gedruckte Ausgabe: 9782808018234

Pflichtexemplar: D/2019/12603/78

Cover: © Plurilingua

Digitale Aufbereitung: Primento, der digitale Partner der Herausgeber